자나 깨나

박희홍 제7시집

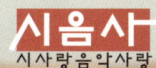
시사랑음악사랑

작가의 말

시를 써
세상에 내놓은 일은
 산 정상에 올라
  야호~하고 외치는 소리

 듣는(읽는) 사람이 듣고(읽고)
 호응하고서 야호~하고

메아리로
되돌아옴으로써
시를 쓰는 보람을 갖게 한다.

동시 목차

🌱 장다리꽃

마음 다짐 10
꽃 메아리 11
꿈꾸는 자유 12
내 꿈엔 13
깜장 고무신 14
짜그락짜그락 16
물수제비뜨기 17
배꼽시계 18
장다리꽃 19
나도 20

🌱 여우와 강아지

전설이 될 거야 21
폭설 22
웃음이 주는 안도감 23
마술쟁이 새봄 24
눈사람 25
할미꽃과 할머니 26
개구리 뒷다리 27
살피꽃밭 28
여우와 강아지 29
봄바람은 30

동시 목차

🌱 애기똥풀

겨울 수채화 ····················· 31
겨울이면 불러보는 이름 ··· 32
하얀 눈처럼 ····················· 33
꿈결에 ····························· 34
꽃이 흔들려요 ················· 35
너는 알고 있니 ················ 36
새 학년 준비 ···················· 37
애기똥풀 ·························· 38
사랑하는 할머니 ·············· 39
한가위만 같았으면 ·········· 40

🌱 신호등의 힘

깨작깨작 ·························· 41
핫도그 풀 ························ 42
청개구리 ·························· 43
꼬리가 없어져야지 ··········· 44
아가의 변신은 무죄 ········· 45
탱자 가시 ························ 46
다른 생각 ························ 47
신호등의 힘 ····················· 48
소금꽃 ····························· 49
구멍 난 양말 ···················· 50

치사랑 내리사랑

요술 부리는 이파리 51
땅강아지 52
꿍꿍이셈 53
병아리 54
어린이는 보배 55
벌보다는 상을 56
치사랑 내리사랑 57
괜한 소리 58
봄비 60
세상을 보는 눈 61

 쥐코밥상

무지개 62
사투리 63
에이 바보야 64
따라쟁이 하늘 65
우리 강아지 66
비 갠 오후 67
쇠똥구리 68
거짓말 69
쥐코밥상 70
도깨비 씨름 71

일반시 목차

 쓸데없는 걱정

출렁이는 삶 ········· 72
봄꽃을 바라보는 마음 ········ 73
이웃 간 담장 허물기 ········ 74
멀고도 가까운 ········· 75
뜬금없이 ········· 76
비에 젖는 길 ········· 77
쓸데없는 걱정 ········· 78
추억 한 토막 ········· 79
종이와 연필 ········· 80
타향도 고향 ········· 81
석류 ········· 82
시와 계절 ········· 83

 자나 깨나

뜻이 같으니 ········· 84
함께 해요 ········· 85
만민 공통어 ········· 86
언제나 새봄은 ········· 87
설렘과 달램 ········· 88
초록의 힘 ········· 89
떠나간 사랑 ········· 90
자나 깨나 ········· 91
3월의 봄까치꽃 ········· 92
여름바람 ········· 93
호위무사 ········· 94

나그네 인생

- 인생은 여름처럼 … 95
- 파도 같은 세파 … 96
- 붙잡을 수 없는 세월 … 97
- 봄 길 … 98
- 가을 풍경 … 99
- 어울림 마당 … 100
- 변심하지 않으면 … 101
- 잦을수록 … 102
- 포용의 문 … 103
- 양파 … 104
- 세월은 … 105
- 여름 뜨락 … 106
- 나그네 인생 … 107
- 비와 계절 … 108
- 가을 그리움 … 109

하늘 같은 어머니

- 계절의 오고 감은 … 110
- 느긋하고 너그럽게 … 111
- 웃는 낯꽃 … 112
- 풀꽃의 소망 … 113
- 하늘 같은 어머니 … 114
- 통조림 … 116
- 시들지 않는 꽃 … 117
- 아름다운 인사 … 118
- 세상 이치 … 119
- 조화와 화합 … 120

『자나 깨나』평론 … 121

 스마트폰으로 QR 코드를 스캔하면
시노래를 감상할 수 있습니다

* 시노래

 제목 : 깜장 고무신    제목 : 물수제비뜨기

 제목 : 전설이 될 거야    제목 : 겨울 수채화

 제목 : 한가위만 같았으면    제목 : 어린이는 보배

 제목 : 세상을 보는 눈    제목 : 봄꽃을 바라보는 마음

 제목 : 종이와 연필    제목 : 함께 해요

 제목 : 언제나 새봄은    제목 : 봄 길

 제목 : 어울림 마당    제목 : 양파

 제목 : 나그네 인생    제목 : 통조림

 동요 시노래 모음

* 시낭송

 제목 : 마음 다짐
시낭송 : 박영애

 제목 : 구멍 난 양말
시낭송 : 박영애

 제목 : 쓸데없는 걱정
시낭송 : 박영애

 제목 : 초록의 힘
시낭송 : 박영애

 제목 : 파도 같은 세파
시낭송 : 박영애

 시낭송 모음

영상은 YouTube 정책 또는 운영 관리에 따라 삭제될 수도 있습니다.

시인은 자연을 이야기하고 시낭송가는 자연을 품었다
글자는 날개를 달아 언어로 날고 소리는 자연에 눕는다

마음 다짐

슬며시 웃으며 솟아오른
봄까치꽃에
벌이 찾아와 함께할
봄이 왔다고 노래한다

나비는 늦잠을 자는지
코빼기도 보이지 않지만
며칠 지나면 볼 수 있겠지
기다려 보련다

꽃이 곱게 웃듯이
나도 곱게 웃는
얼굴로 살아가고 싶다

오늘은 엄마 아빠께
꽃 편지를 보내
꽃처럼 활짝 웃는 모습에
박수를 보내고 싶다

제목 : 마음 다짐
시낭송 : 박영애
스마트폰으로 QR 코드를 스캔하면
시낭송을 감상할 수 있습니다

꽃 메아리

비 내린 뒤
도로변을 지나다 보니
꼬마 풀꽃이 빙그레 웃는다

무지개를 볼 수 없어
투덜대던 나도
덩달아 빙그레 웃는다

가로수 가지 위
새들도 기분이 좋은지
한껏 들떠 재잘거린다

하늘을 올려다보니
해님도 풀꽃과 나를 보고
웃어주니 기분 좋다

꽃의 웃음소리가 메아리 되어
되돌아오는 오늘은 기쁜 날

꿈꾸는 자유

기쁘거나 슬프거나
화가 난 꿈도 잠시 잠깐
깨어나면 그만이다

하늘과 바다
어디든 가고 싶은 곳과
무엇이든 보고 싶은 것을
거리낌 없이 가 볼 수 있다

어느 날 꿈엔
하늘에 사는
할머니를 찾아가
이야기해 달라 졸랐다

어떻게 그렇게 할 수 있냐고
그야 매일 잠을 자면서
좋고 나쁜 꿈을 가리지 않고
자유롭게 꾸면 되지 않을까

내 꿈엔

밤마다 건강하게 자라면서
엄마 아빠
기대에 어긋나지 않도록

동생과 넷이서
행복하게 살아가려면
잘해야 한다는
다짐의 꿈을 꾼다

만나는 사람마다
영리하고 똑똑한 데다가
예의범절까지도 바르다며
'그놈 참, 바르게 컸다'라는
자긍심을 주는 말을 듣고 싶다

우리 집도 세상도 웃음으로
환해지는 세상이 될 수 있을까
늘 궁금한 꿈속 내 마음

깜장 고무신

국민학교 저학년 때
기다란 논둑길 끄트머리에
길보다 조금 낮은 돌길
많은 비가 내리면 물이 넘쳐
바지를 걷어 올리고
고무신을 손에 쥐고 건너야 한다

길이 미끄러워 신발을 벗는 게
싫어서 그냥 건너려다
한쪽 신이 벗겨져 떠내려간다

집으로 돌아와
엄마에게 혼쭐이 나고
논의 물꼬 따라 내려가며
찾아 나섰지만 찾을 수 없다

청개구리 닮았을까
그렇게 꾸지람을 듣고도
또 많은 비가 내리면
신발을 벗지 않고 건너려다
한쪽 신발을 떠나보내고야 만다

왜 말썽만 피웠을까
그때를 생각하면 부끄럽지만
그러거나 말거나 어릴 때는
그럴 수 있다고 생각해 본다

제목 : 깜장 고무신
스마트폰으로 QR 코드를 스캔하면
시노래를 감상할 수 있습니다

짜그락짜그락

길바닥이 심난하다며
자꾸 옥신각신
불평만 하며 걷는
울퉁불퉁한 오솔길

짜증이나 서로 떨어져
심드렁하게 걷다가
팔짝 뛰는 고라니에 놀라
누가 먼저라 할 것 없이
부둥켜안고서 안도한다

그러거나 저러거나
숲속 나무 위에서는
두런두런 들여오는
새들의 아기자기한 정담

부라리던 눈 어디에 두고
언제 그랬냐는 듯
들뜬 마음에 함께
동요 '과수원길'을 부르며
오구 작작 산길을 간다

* 짜그락짜그락 : 하찮은 일 따위로 옥신각신하며 자꾸 다투는 모양.
* 오구 작작 : 어린아이들이 한곳에 모여 떠드는 모양.

물수제비뜨기

시골 외삼촌에게
물수제비뜨기를 배운다

삼촌은 담방담방
뛰고 뛰어 강둑까지
열 숟가락을 거뜬히 뜨는데
나는 한 숟가락도 못 떴다

꿈을 담아 차분히 떠보라고 한다
힘겹게만 보이더니
수십 차례 고쳐가며
팔매를 쳤더니 퉁 퉁퉁
서너 숟가락을 뜰 수 있게 되었다

지성이면 감천이라고
거듭된 실패에도 기죽지 않고
즐기며 하다 보니 자신감이 생겨
기분 좋게 집으로 돌아와
감자수제비 먹는 맛이 일품이다

* 물수제비 : 둥글고 얄팍한 돌을
  물 위로 튀기어 가게 던졌을
  때에, 그 튀기는 자리마다
  생기는 물결 모양.

제목 : 물수제비뜨기
스마트폰으로 QR 코드를 스캔하면
시노래를 감상할 수 있습니다

배꼽시계

엄마, 동생이
아칫아칫 걸어오는데
배가 고픈지 꼬르륵꼬르륵
배에서 알람이 울려요

이런저런 일 하다 보니
시간이 많이 지났구나
너도 배고프지

저보다 동생과 할머니가
더 배고플 것이에요
그렇겠구나
바로 준비할 게 미안해

상차림을 도울게요
그래 주겠니, 고맙구나! 아들

* 아칫아칫 : 어린아이가 이리저리 위태롭게 걸음을 떼어 놓는 모양.

장다리꽃

경칩 날이다
씨 무·배추 꺼내
장다리 박는 어머니

후대를 위해
겸손함과 성실함에도
주목받지 못하지만
묵묵히 자신의 자리를
지켜내며 늙어간다

온 힘을 쏟아부어
군락을 이루며
단아하고 아름답게 핀
연보라와 진노랑 꽃
인자한 어머니 닮았다

* 장다리꽃 : 배추나 무 장다리에서 피는 꽃.
* 장다리 박다 : 겨우내 보관한 무나 배추를 꺼내
  땅에 심는 일

나도

나도 날마다
꽃처럼 웃고 싶다

나도 날마다
꽃처럼 사랑받고 싶다

웃을 일 없어도
그냥 웃고

엄마 말 잘 들어
사랑받고 싶다

전설이 될 거야

폭설이 내린 뒷날
햇볕 따사로운 오후
체육공원 운동장
한 떼의 아이
눈싸움에 빠져 호기롭다

둘레길을 산책하던
내 뒤통수를
눈덩이로 정확히 맞추었다

어쩔 줄 몰라 하는 아이에게
이름이... 저요, 명중이요, 정명중

등을 토닥거려 주며 명중아
네가 야구선수가 된다면
틀림없이 사이 영(Cy Young)을
뛰어넘는 훌륭한 투수가 될 거야
열심히 하렴, "고맙습니다" 하고
힘껏 달려가 놀이에 끼어든다

* 사이 영(Cy Young) :
미국 메이저리그의 전설적인 투수
(본명 : 덴튼 트루 영)

제목 : 전설이 될 거야
스마트폰으로 QR 코드를 스캔하면
시노래를 감상할 수 있습니다

폭설

일주일 내내 날씨가
봄날처럼 포근하여 좋았다

월요일 아침 일어나니
세상천지에 흰 폭탄이
터져 숨죽인 듯 고요하다

학원에서
오늘은 오지 말고
집에서 예·복습 잘하고
내일 보자 한다

앗싸 가오리~ 좋다
오늘은 진짜 기쁜 날
오전엔 오락게임하고
오후엔 공부해야겠다

웃음이 주는 안도감

길에서 마주치던 아이가
울상이 되어 다가온다
내가 싱긋 웃어주니
금방 따라 웃는다

애야, 금방 울상이더니
어째서 방긋 웃니
할아버지가
무서워 보였는데요

저를 보고 웃어주니
저도 모르게
웃음이 절로 나오네요

웃음의 힘이
이렇듯 대단한 것을 보니
웃으며 즐겁게 살아야겠어요

마술쟁이 새봄

집배원 아저씨의
딩동딩동 소리
반갑고 듣기 좋아라

솜처럼 부드러운
설렘의 봄소식을
가지고 오는 울림

누구나 포근하게 하는
새로운 생명을 탄생시키는
알록달록한 만물의 세상 새봄

꽃의 마술 놀이에
얼었던 맘 녹아내려
생동감 넘쳐나는 완연한 봄

눈사람

갑자기 눈이 많이 내렸다
강아지와 아이가 밖으로 나와
기분 좋아 소리친다

강아지는 혼자서 놀고
아이는 눈을 굴려 자신보다
더 큰 눈사람을 만든다

집으로 들어가
형의 버리려던 외투를 가져와
눈사람에게 입혔더니
형인 줄 알고 그럴까
강아지 꼬리를 치며 컹컹거린다

다음 날에도 여전히
형처럼 의젓하게 서 있다
강아지 빙빙 돌며 컹컹거린다
오래도록 녹아내리지 않았으면 좋겠다

할미꽃과 할머니

피고 싶어서 피고 싶어서
산통을 앓으면서도 피는 꽃

아프지 않냐고요
봄비라는 약을 바르면
아픈지 모르고 피어나지요

내가 배 아플 땐
봄비처럼 따사로운
할머니 손이 약손이지요

비밀이 아니어요
아이들은 다 알고 있어요
그 사랑
잊을 수 없는 큰 사랑이에요

개구리 뒷다리

1950년대 말
국민학교 4학년
어느 여름날 토요일 오후

막내 몸이 허약하여 안쓰럽다고
할머니, 날 불러 통통한 개구리
몇 마리를 잡아 오라 한다

스무 마리를 잡아 와
삶은 개구리 뒷다리는 동생에게
나머지는 우리 집 파수꾼
아기 밴 금순이에게 주었다

한동안 토요일 오후엔
개구리를 잡았다
그 덕인지 동생은 몸이 좋아졌고
우리 집 지킴이 금순이는
다섯 마리의 예쁘장한 새끼를 낳았다

칠십 세월이 흐르고 보니
그 시절이 계면쩍고 부끄럽다
늦었지만 내가 잡아 죽인
개구리의 명복을 빈다

살피꽃밭

할머니의 마음 밭엔
일년 내내 꽃이 지지 않는다

날씨가 온화해지니
아파트 담벼락 따라
작은 꽃씨를 정성껏 심는다

잡풀을 정리하고
물을 주니
긴 침묵 끝에
연노랑 새싹이 움터 오른다

오가는 길손은 꽃을 보며
이구동성으로 예쁘게
참 잘 가꾸었다고 한다

웃는 꽃을 보면 슬픈 마음도
위로가 되어 시름을 잊게 한다

* 살피꽃밭 : 건물, 담 밑, 도로 따위의 경계선을 따라 좁고 길게 만든 꽃밭.

여우와 강아지

할머니는
하는 짓이 여우 같다며
누나에게 여우라고 한다

내겐 하는 짓이
예쁘고 귀엽다며
강아지라 한다

한집에 있어도 다툼 없이
오순도순 지낸다며
신통방통하다고 한다

우릴 집안의 보물이라며
용돈을 자주 주며
잘 자라서 하고 싶은 일 하며
이웃과 행복하게 살라고 한다

봄바람은

소락소락 내라는 비
성큼성큼
봄이 밀려오는 소리

살랑 살랑이는 바람
따사로운 해님이
봄을 몰고 오는 소리

움츠리고 잠들었던 것들이
솔솔 부는 솔바람 소리에
기지개를 켜고서 옹기종기
수다 떨며 솟아나는 소리

노랑 병아리 삐악삐악
봄날을 축복하는 떼창

겨울 수채화

초가집 처마 밑에
뾰족뾰족 매달린 고드름
뚝뚝 흘리는 눈물
기쁨의 눈물일까, 슬픔의 눈물일까

아마도 하늘에 올라
다시 올 수 있기에
기쁨의 눈물일 거야

얼어붙는 무논에서
썰매 타는 아이들의
뜨거운 함성에 들떠
한마음이 되어 피는 꽃, 웃음꽃

집으로 돌아오는 길에
내일도 춥고 눈이 많이 내려
잔치할 수 있으면 좋겠다며
조용하던 온 동네가
왁자한 웃음소리에
온기로 들썩인다

제목 : 겨울 수채화
스마트폰으로 QR 코드를 스캔하면
시노래를 감상할 수 있습니다

겨울이면 불러보는 이름

눈보라 속에서도
눈사람이
산을 오르내린다

휘파람 떼창에 일어나
창밖을 보니
산도 들도 온통
눈사람이다

겨울이면
자꾸만 불러보고 싶은
반가운 이름
눈 눈 눈사람

하얀 눈처럼

아이와 강아지는
왜 그리도
눈을 좋아할까

아마도 마음이
때 묻지 않아서일까

그럼 어른이 마음을
바르게 갖는다면
깨끗한 눈처럼 하얄까

세상도 그리 될까
그리된다면 얼마나 좋을까

꿈결에

웃음기 가득하더니
왜 갑자기 얼굴을 찡그리니
무슨 일 있니
학교에서 집에 오니
엄마가 보이지 않아요
엄마가 보고 싶어요

우리 아이가
엄마를 많이 사랑하는구나
엄마도 너를 많이 사랑한단다

날마다 이야기 들으며
잠들다 보니 꿈에서
엄마가 보이지 않을 때가 있어요

무서운 꿈은 싫어요
아이는 건강하게 쑥쑥 커가면서
무서운 꿈을 꾸기도 한단다
아하 그렇구나, 휴 다행이다

꽃이 흔들려요

스스로 몸부림치며
홀로 피어나는 꽃

그러기에 밤하늘의
별 보다 더 빛나는
아름다운 꽃

활짝 웃는 해님 따라
해맑게 웃으며
자꾸만 하느작거리네

새로운 꿈을 간직한 채
콧노래 부르며 벌 나비도
축하 인사하러 달려오네

너는 알고 있니

지지난밤 꿈엔
한마디 하지 않고
따뜻한 마음으로
널 반갑게 앉아주었다

지난밤 꿈엔
메아리가 되어 돌아오듯
고마운 마음으로
날 솜이불처럼
포근하게 앉아주었다

시냇물이 졸졸 흘러
강물이 되듯이
우린 날마다
무지개 꿈꾸며
어른이 되어 가는가 보다

새 학년 준비

가지가지 꽃들이
예쁨을 뽐내며
살랑살랑 춤추며 웃는다
그 사이에
파릇파릇 새잎이 솟아올라
한들한들 봄 인사를 한다

아이들은 한 학년씩
올라간다며 단짝들과
같은 반이 되길 원하다

엄마 아빠와 함께
외출하여 맛난 것도 먹고
학용품에 용돈도 받고
날 믿는다며 껴안아 주니
기쁨 넘쳐나는 행복한 날이다

애기똥풀

엄마 젖 맛나게 먹고
새근새근
한잠 자고 깨어나더니
달걀노른자 같은
노린 꽃을 피워낸다

엄마는 향기 좋은
예쁜 애기똥풀 꽃이 피었다며
칭얼대지 않아도 젖을 물리니
꿀꺽꿀꺽 잘도 먹는다

젊은 사람이 흉보는 줄도 모르고
아기 똥을 꽃이라 우기는 엄마
이것들아 너희도
애 낳고 살아봐 나처럼 그럴걸
이건 몰래 주는 사랑이야

사랑하는 할머니

구십오 해를 넘긴
꼬부랑 우리 할머니
지금도 자신의 속옷을
손수 빨아 입는다
중학생인 나도 스스로
빨아 입는다

사람들은 날 보고
얌전한 할머니를 닮았다며
하는 짓마다 예쁘다고
용돈을 잘 준다

용돈을 주지 않아도
내 할 일을 스스로 하고 나면
기분이 좋아진다

할머니께 많이 배워야겠으니
오래도록 건강하길 기도한다

한가위만 같았으면

사랑과 화합으로 가는
한가위 둥근달
미움과 시샘을 버려야
밝아지는 둥근달

마음의 달이 먼저 떠야
세상이 밝아지는 둥근달
도란도란 이야기꽃에 없는
정도 생겨나게 하는 둥근달

고단한 엄마 달은 조각달
속이 들지 않은
우리 남매는 해죽해죽
그저 웃고 웃는 둥근달

엄마의 시름을 없애고
한가위 둥근달처럼
함빡 웃는 달이 되길
정성껏 빌고 빌어 본다

제목 : 한가위만 같았으면
스마트폰으로 QR 코드를 스캔하면
시노래를 감상할 수 있습니다

깨작깨작

세 살 버릇 여든 가니
먹는 것도 공부도
하는 둥 마는 둥 말고
차근차근 제대로 하라 한다

잔소리 듣기 싫어서라도
쪼르르 달려가 부지런 떨며
시늉이라도 하다 보면
고쳐질 것이란다

남우세스럽게
하는 일마다 깨작대니
앞날이 걱정된다는 말

창피당하지 않게
정신 반짝 차려야겠다고
할머니와 손가락 걸었다

*깨작깨작 : 글씨나 그림 따위를 아무렇게나 잘게 자꾸
 그리거나 쓰는 모양.

핫도그 풀

휴일 오후 체육공원 연못가
삼삼오오 학동들의
떠들썩한 소리

야, 핫도그다, 핫도그
어디 어디야, 저기, 저기야
맞다, 맞다 핫도그 같기도
소시지 같기도
어묵꼬치 같기도 하다

어디로 팔려 가려고
줄지어 노릇노릇 익어갈까

할아버지 저것 이름이,
응 머리가 근질근질하여
참을 수 없어 바람에
부들부들 떨기에
부들이라 하는 것 아닐까
저 뭉치는 부들의 꽃이란다

청개구리

누가
저의 엄마를 보셨나요
알면 귀띔해 주세요

을씨년스럽게
비가 내리는 날이면
엄마가
그립고 보고 싶어요

착하게 살라는 약속
도틀어 꼭 지킬게요
하루빨리 어서 오세요

크게 잘못했어요
보고 싶고 그리워요

* 도틀어 : 이러니저러니 여러 말 할 것 없이 죄다 몰아서.

꼬리가 없어져야지

엄마
우리는 왜 꼬리가 있는 거야
응 아직 너희는 아기니까

엄마
우리는 왜 노래를 못 불러요
응 아직 목구멍이 좁아서

엄마
그러면 얼마나 기다려야 해
응 알에서부터 두 달쯤

고마워요. 어서 커서
엄마 아빠처럼 야심한 밤에
개골개골 떼창을 불러야겠다

아가의 변신은 무죄

먹고 놀고 자고 나면
쑥쑥 자라나는
예쁜 우리 아가

고요를 깨우는 배고픈 아가
꿀꺽꿀꺽 맛나게 젖을 먹고
귀뚤귀뚤 귀뚜라미 자장노래에
새근새근 잠드네

꼼지락꼼지락 깨어난 아가
꿀꺽꿀꺽 맛나게 젖을 먹고
짹짹 짹짹 참새들의 자장노래에
다시금 곤히 잠드네

먹고 자고 놀고 나면
쑥쑥 자라나는
예쁜 우리 아가

탱자 가시

날카로운 가시를
달고 살면서도
바람과 햇볕을
이기지 못하고

맥없이 떨어지다니
부끄럽지도 않니
귀찮게 굴면
꾹꾹 찌르면 도망갈 것인데
더불어 살겠다고
그냥저냥 참고 있다고 한다

나도 이젠 가시 돋친
말을 하지 않아야 할까 보다

다른 생각

길동이가
가장 좋아하는
친구는 휴대전화기

내가
가장 좋아하는
친구는 길동이

어떻게 하면
서로에게 제일 좋은
친구가 될 수 있을까

고민할 것 없이
속는 셈 치고
뭐라고 하는지
에이아이(AI)에 물어볼까

신호등의 힘

어느 때고 무사통과시켜 주는
할머니는 파랑

할머니와 엄마 눈치를 살피는
아빠는 노랑

엄마는 천방지축 날뛰는
날 멈추게 하는 빨강

돌이켜 보고 곱씹어 보며
삼색 신호를 잘 지켰더니
비 오듯 쏟아지는 칭찬 세례

소금꽃

할머니는 뻘밭도 아닌
농사짓는 밭에
소금꽃이 피었다 한다

나는 아무리 둘러보아도
소금꽃을 찾을 수 없다
할머니
소금꽃이 어디에 피었어요

네가 모르는 것은 당연하지
달빛 아래 하얀 메밀꽃이
소금 뿌린 것 같다 하여
소금꽃이라고도 부른단다

소금꽃이 흰 파도가 되어
일렁이는 모습을
오늘 밤 할미와 보지 않겠니
듣는 것보다 보는 게 더 좋겠지

구멍 난 양말

십리 길 학교를 오갈 때만 신어도
열흘도 견디지 못하고 구멍이 난다
구멍 난 양말 속에 작은 베 조각과
퓨즈 나간 전구 알을 집어넣고
한 땀 한 땀 볼품없이 얽어매
신고 다니다 보면 며칠 지나
다른 곳이 구멍 나, 그때마다
누덕누덕 꿰매서 신고 다닌다

오일장 전날 밤 엄마께
해진 누더기 양말을 보이니
꿰매 신느라고 고생했다며
엄마께 숨돌릴 시간을 선물해 주었으니
아들에게 선물로 양말과
새 신발을 사 주겠다고 한다

오늘도 일에 얽매여 사는
사랑하는 엄마의 옹이처럼 울퉁불퉁한
고단한 하루가 냉큼냉큼 저물어간다

제목 : 구멍 난 양말
시낭송 : 박영애
스마트폰으로 QR 코드를 스캔하면
시낭송을 감상할 수 있습니다

요술 부리는 이파리

연둣빛 잎일 때 이쁘다
녹색 빛일 때 더 이쁘다
연두·녹·초록빛이 어울릴 때
더더욱 이쁘다

단풍으로 물들 때 이쁘다
떨어지기 전이 더 이쁘다

하늘 위에서
종이비행기처럼
나풀나풀 춤출 때
더욱더 이쁘다

땅강아지

발이 여섯인 강아지

외갓집 마당 구멍에
풀잎 넣어 잡아내며
아이들은 즐겁게 논다

할머니는 사람에게
이롭기도 해롭기도 하다며
일부러 잡아내
죽이려고는 하지 말라 한다

할머니는 그들의 보금자리인
미로 같은 땅속 터널도
가능하면 파괴하지 않고
함께 살아가려 애쓴다

꿍꿍이셈

맑은 하늘이
날벼락 치듯

먹구름이 몰려와
한바탕 쏟아내더니

칠월칠석도 아닌데
여우와 호랑이가

서로 만나
결혼을 할 수 있게

하늘에 다리를 놓은
아롱다롱한 쌍무지개

병아리

해가 질 녘
배가 고픈 병아리
어미 닭 품속으로
파고들어 젖을 찾아요

젖꼭지를 찾지 못해
배를 쿡쿡 쪼아대도
아프지만 말할 수 없어요

내일 아침에는 배부르게
먹을 수 있다며
꼭 껴안고서 자장가로
어르고 달래 잠들게 해요

어린이는 보배

서걱서걱 누에 뽕잎 먹는 소리
노곤한 엄마를
꿈나라로 보내는 북소리
토닥토닥 내리는 빗소리
아이를 재우는 자장노래

드르렁드르렁 코골이 소리
아이를 기지개 켜게 하여
엄마 옆으로 슬금슬금 기어와
젖무덤에 손을 얹고
새근새근 잠들게 하는
엄마의 정다운 이야기

자상한 보살핌에 무럭무럭
누에 자라 누에고치
아기 자라 어엿한 어른

이리저리 요긴한 쓰임새
세상을 밝게 비출 보배로운 보물

제목 : 어린이는 보배
스마트폰으로 QR 코드를 스캔하면
시노래를 감상할 수 있습니다

벌보다는 상을

너는 가수 비도 아니면서
자칭 '나, 비'라고
거짓말을 했으니
벌을 받아야 해

아니
내가 언제 거짓말했니
너희들이
날 보고 '나비'라 했지

꿀을 따는 벌과 나는
동식물을 이롭게 하는데
왜 벌을 받아야 해
상을 받아야지, 안 그래

참
꽃에 농약 치지 않으면 안 되냐

치사랑 내리사랑

맥이 풀린 듯한
힘없는 목소리
엄마 뭐가 필요해

염병할 것아
지금 뭐가 중한지 몰라
네 몸뚱이만 생각해

누구 눈에
피눈물 나게 하려고
잡것아

두통에 시달려
머리 아프다고 말고
어미 생각 잊고
너만 생각해
많이 사랑하는지 알지

괜한 소리

유치원생이던 아들에게
너는 커서 뭐가 되고 싶니
응, 별로 되고 싶은 것 없어

아휴
저게 커서 뭐가 되려나
남의 집 애들은 대통령이네
의사네 변호사네 호들갑인데

싹수가 노랗다는 생각에
괜한 분란 일으키기 싫어
그저 바라만 보려니
속이 터져도 꾹꾹 참았다

고등학교 1학년 겨울방학 때
방 청소를 하다 바닥에 떨어진
일기장을 보니, 중학교 2학년
10월 둘째 주 토요일에
할머니 병문안 갔을 때
난, 이제 할아버지 곁으로 가고 싶다며

순간 내 손을 억지로 잡아끌더니
엉겁결에 손가락을 걸며
손주야 네가 어려운 이웃을 위해
좋은 의사가 되면 좋겠어 한다

할머니가 떠난 지 2년이 되던
지난 일요일에 할머니를 찾아가
약속을 지키겠노라, 말했다고 한다

이렇게 목표가 뚜렷한 아이를
믿지 못하고 속 터졌던 날의
미움이 눈 녹듯 사라지고
허튼소리 하지 않길 잘했다며
나중에야 어찌 되든
그저 무언의 응원을 보내야겠다고
다짐해 본다

봄비

부드득 부드득 북을 치고
퐁 퐁퐁 피아노를 치게 하는
바람은 악단을
솔래솔래 솔바람 따라
지휘하는 지휘자

티 없이 웃고 즐기게 하는
교향악이 되어 울려 퍼지는
보슬보슬 내리는 봄비

눈 부신 햇살 솟아오르니
바람과 함께 몰아쳐 내리던
바람비도 대단원의 막을 내리고
성큼성큼 새싹이 움터 오르네

세상을 보는 눈

까만 머루눈을 가진
나의 세상눈을 뜨게 해준
국민학교 5~6학년 때 담임선생님

사물을 분별하고 올바르게 보려면
마음눈과 참 눈이 중하지만
학생이니 우선 글눈을 뜨는 일이
더 중하고 중하다던 선생님

아망스러운 너의 샛별눈을 보니
실력이 날로달로 늘고 쌓여
야무지게 클 거라던 선생님

곱다시 선생님의 말씀을 따랐더니
직장에서 자리가 사부랑삽작 뛰어올라
집안 형편이 풀려나갈 수 있었지만
먼 길 떠나 안 갚음할 길 없어라

* 세상눈 : 세상을 보는 눈
* 아망스럽다 : 아이가 오기를
　　　　　　부리는 태도가 있다.
* 곱다시 : 그대로 고스란히.
* 사부랑삽작 : 힘들이지 않고
　　　　가볍게 살짝 건너뛰거나 올라서는 모양

제목 : 세상을 보는 눈
스마트폰으로 QR 코드를 스캔하면
시노래를 감상할 수 있습니다

무지개

빨주노초파남보
무지개 꽃이 피었어요

아니, 쌍으로 피었어요

집에서 살지 않고
하늘에서 사는
우리 할머니 할아버지가
활짝 웃어요

엄마는 누구나
언젠가는 하늘에서 살게
된다고 해요

사투리

외할머니, 요리 뽀짝 와 바야
네, 시방 간당께
이것 어여 먹어라
맛이 짱이야, 잘 먹었어요

외할머니가
보고 자퍼 죽겠고
허벌나게 맛있는 것을
먹고 싶어
방학이 그리워진다

엄마는
사투리만 배워 온다며
못 가게 한다
사투리가 어때서
와따 워째 그런다요

* 요리 : 이리
* 허벌나다 : 매우. 많이.
* 자퍼 : 싶어   * 뽀짝 : 바짝(가까이)
* 간당께 : 간다니까   * 어여 : 어서
* 와따 : 아따   * 워째 : 어찌

에이 바보야

독후감을 쓰려
도서관에서
동화책을 빌렸다
두 주일 뒤에
돌려주어야 한다

빈둥빈둥 친구들과 축구하고
학원 다니랴 바빴다

대충대충 읽어도
몇 페이지밖에 읽지 못해
독후감을 쓸 수 없었다

'에이 바보야'
난 가슴을 치며 후회했다

따라쟁이 하늘

물고기가 살고
나무가 자라고
구름이 떠다니고
외할머니
외할아버지가 웃고 있는
푸른 하늘은 호수

참 많은 것이
있다가 사라지고
사라졌다가 나타나는
푸른 하늘은 요술쟁이

내가 웃으면 따라 웃고
찡그리면 찡그리는
하늘과 해님은 따라쟁이
정말 궁금한 하늘의 마음

우리 강아지

두 마리 강아지와
행복하게 사는 할머니

하나는 두 발로 걷고
하나는 네 발로 걷는다

두 발이 학교 가면
네 발과 산책하고
두 발이 집에 오면
셋이 함께 오붓하게 지낸다

할머니가
우리 강아지
우리 강아지 하면
둘 다 헷갈리기 일쑤다

비 갠 오후

해가 중천인 오후
여우와 호랑이가
혼례를 치르는지
후드득후드득 첨벙첨벙
노래하며 축하 비가 내려요

어쩌나, 장화가 없어도
괜찮아요. 가볍고 튼튼한
검정 고무신이 있잖아요

학교 갈 때 내리던 비
집에 오는 길에 개더니
무지개가 떠오른다

무지개 속에서
씽긋 웃는 할머니 따라
나도 덩달아 웃는다

쇠똥구리

아무 곳에나 싸버린 똥
굴렁쇠 굴리듯 굴러가며
아버지 주먹 같은
큰 똥 구슬을 만들어
굴로 끌고 들어가 먹는다

먹으면서 싸고
싸면서 먹는 것을 보면
영락없는 똥싸개다

길에서 똥 밟을 일 없고
얼굴 찡그릴 일 없어 좋은
똥 치우는 청소부

거짓말

친구를 놀려주려
거짓말을 해
쪼끔 꺼림칙하다

진짜로 믿어버려
굴리고 굴려
눈덩이처럼 커져 버려
친구 볼 낯짝 없으니
나는 망했다

피노키오의 코처럼
코가 커지면 어쩌나
쥐구멍을 찾아 숨고 싶다

쥐코밥상

엄마가 외출하며
점심 굶지 말라고
상을 차려 놓았다 한다

몇 숟갈의 밥에
단무지 몇 쪽과 김치 몇 쪽
간에 기별도 안 간다

남의 집 담을
넘을 수도 없고
돼지저금통의
배를 갈라야겠다

* 쥐코밥상 : 밥 한 그릇과 반찬 한두 가지만으로
   아주 간단히 차린 밥상
* 간에 기별도 안 간다(가겠다) : 먹은 것 같지 않을 정도로
   먹은 음식의 양이 매우 적음

도깨비 씨름

배고프다는데
먹을 게 없다며
도깨비 뜨물
한 사발을 내미는 할머니

달콤해서 마셨다가
그만 잠에 취했더니
도깨비가 씨름을 걸어와
무서움에 덜덜 떨다
와장창 넘어져 깨어났다

난 죽더라도
도깨비가 되긴 싫다

* 도깨비 뜨물 : 막걸리의 별칭
* 도깨비 오줌 : (도까비 오줌) 막걸리에 대한 강릉 사투리

출렁이는 삶

사람마다
답이 다른 삶

세상 변하듯
늘 변하는 삶

너와 나를
잇는 어울림마당
이음줄

그러기에
살맛 나는 삶

봄꽃을 바라보는 마음

자랑하지도 않고
자신의 역할에만
충실하겠다는 수말스러움

바쁘다고
서털구털하지 않고
꽁꽁 묶은 보따리 풀어놓고
활짝 웃는 얼굴

바람결에 아스라이
저편으로 퍼져 가는
맑고 은은한 향기

고뇌하는 청춘에게
희망을 갖게 하는 선각자

* 서털구털 : 말이나 행동이 침착하지 못하며
      어설프고 서투른 모양을 나타내는 말.
* 수말스럽다 : 다소곳하고 착한 데가 있다. 전남 지방의 방언.
      (고려대 한국어대사전)

제목 : 봄꽃을 바라보는 마음
스마트폰으로 QR 코드를 스캔하면
시노래를 감상할 수 있습니다

이웃 간 담장 허물기

삶이 허무하다고 느낄 때
디딤돌이 되어준
마음 따뜻한 그대

날 따듯한 사람으로
변화시키기 위해
부단히도 힘써준 그대

들숨과 날숨이
조화로워야
건강을 지킬 수 있듯

메말라 버린 정이
우리 삶을 뒤흔들어도
세상을 밝고 곱게 하려
소통의 소중함을 일깨워 주려

밤낮없이 수고하는
청정한 해와 달을 닮은 그대가
옆에 있어 줘 참 좋아요

멀고도 가까운

장미꽃 한 송이를 들고
얼굴을 붉히고서
대문 앞에 서 있는 소년

소녀 혼자서 나오길
기다리고 있건만
아는지 모르는지
현관문을 여는 기척 없다

돌아갈까 말까, 서성이며
문틈으로 살펴보니
그녀가 나온다
가슴이 천근만근 두근거린다

불쑥 꽃을 내밀며 생일 축하해
어머머, 웬일이야
너 날 좋아하니 하며 웃는데
아무 말 못 하고 냅다 도망치고 만다
지금쯤 둘은 어떤 사이가 됐을까

뜬금없이

기미년 삼월 초하루
사람들로 웅성거리던 장터
일순간 한 소녀의 외침에 화답한
장작불처럼 타오른 뜨거운 함성

결연함이 만방으로 퍼져나가고
저항정신과 숭고함이 밀알이 되어
민족자존의 새싹이 돋아났다

그 정신 이어받는
우리가 긍지를 갖고
오늘을 살아갈 수 있게
크나큰 밑거름이 되어 주어
오순도순 살아가고 있다

간혹 우리의 자존을 무너뜨리려는
저들을 찬양 고무하려는
이들이 생겨나지 않기를 바란다

비에 젖는 길

하루하루 나른한 삶에 별안간
하늘에서는 날벼락 소리 들려오고
바다에서는 질풍노도가
밀려오는 으스스한 저물녘

피할 수 없는 무서움에
얼룩덜룩한 얼굴로
허공에 미소를 띄워 보내고서
기이한 시달림에 빠져든다

질퍽한 길을
뱀이 요리조리 흔들며 가듯
두려움에 비틀거리며 한발 한발
땅바닥을 골라 발을 옮겨가는데
어둠 머금은 안경에 낀 이슬방울이
홍조 띤 얼굴을 적신다

쓸데없는 걱정

당신이 가져갔나요
화장대 서랍에 둔
몇 푼 안 된 돈

그것 나의 등댓불인
당신 나들잇길 점심값으로
주려고 했던 것인데
구석구석마다 샅샅이
뒤져도 없어요

예전처럼 당신이 가져갔다면
다행인데, 어디에 두었는지
생각나지 않으니 어쩌지요

나 설마 그게 아닐까
무지무지 겁나고 두려워요
당신이 꺼내 갔으면 좋겠어요

제목 : 쓸데없는 걱정
시낭송 : 박영애
스마트폰으로 QR 코드를 스캔하면
시낭송을 감상할 수 있습니다

추억 한 토막

가슴에 헛바람이 들었나
차일피일 미루던
인척 하나 없는 고향에
날씨가 흐린데도
꾸역꾸역 가고 싶다

얼굴에 발그레 웃음 띤
이웃집 아짐 댁
고등어구이와 된장국에
고슬고슬한 가마솥 밥이
그립고도 그립다

종이와 연필

마음이 심란할 땐
숲속에 들어가

잔바람에 부딪히는
나무와 새가
속삭이는 소릴 듣는다

그들의 언어가
손가락을 간지럽혀

뜻도 생각도 없이
어수선하고 엉성한
글을 쓰게 한다

비록 시집을 읽고 난 뒤
냄비 받침으로 쓰였다
버려질지라도
시가 사라지지는 않을
것이기에

제목 : 종이와 연필
스마트폰으로 QR 코드를 스캔하면
시노래를 감상할 수 있습니다

타향도 고향

꽃비 내리던 봄날
고향 떠난 칠십 세월
젊어서는 가끔 찾던
그리움이 묻어나는 고향

아름다운 봄날은
어김없이 오가건만
허구한 날 외로워라

세월 따라
그리운 정과 풍경
상전벽해로 변해
가슴에 묻어 둘 뿐

몸 맡기고 사는 곳이
고향이려니 생각하고
그럭저럭 정붙여 살아야지
늘그막에 뭘, 어찌하겠나

석류

붉은 보석이
알알이 박힌 채
침묵의 감옥 속에 갇혀 있다

솔바람이 풀어헤친
스르르 열린 문으로
벌러덩 누워 있는 요염한 자태

그 모습 상상만으로
왜 침을
꿀꺽 삼키게 할까

시와 계절

봄은 형형색색의
꽃으로 말한다

여름은 푸르름의
강약으로 말한다

봄여름 가을엔
모래 위를
자박자박 걸으면서

겨울엔 눈 위를
사박사박 걸으면서
시를 쓴다

뜻이 같으니

양지바른 볏단 앞에
쪼그리고 앉아
고구마 한 덩어리로
점심을 대신하던 어린 시절

늘 배부르지 않았으나
서로에게 조금이라도
큰 것을 먹게 하려
조용조용 설득하던 우정

하는 일은 달라도
한날한시에 퇴직하고서
팔십 고개 앞에서도 취미가 같아
가만가만 늘 함께 할 수 있어 좋다

하루를 마감하는
저녁 일곱 시 반
누가 먼저랄 것 없이
주고받는 카카오톡 문자는
늘 마음을 안온하게 한다

* 조용조용 : 말이나 행동이 한결같이 수선스럽지 않고
 얌전한 모양.
* 가만가만 : 움직임 따위가 드러나지 않도록 조용조용.

함께 해요

여러 차이로
서로가 같을 수는 없어도
마음과 마음이 이어지면
울퉁불퉁한 마당 위에서도
파도가 바람 따라 춤추듯
어울림의 춤을 출 수 있다

서로 다르지만
구름은 하늘을 닮아가고
하늘은 구름을 껴안는다

흔들이는 물결 속에서도
모두가 반짝이는 것은
우리가 서로에게
빛이 될 수 있다는 것
변하지 않는 화합의 가치

제목 : 함께 해요
스마트폰으로 QR 코드를 스캔하면
시노래를 감상할 수 있습니다

만민 공통어

사람과 사람
사이의 거리

얼굴을
찡그리면 멀고도 멀다
웃음을 띠면
가깝고도 가깝다

아무리 바빠도
큰 노력 없이
얻을 수 있는 행복

달콤한 기분
웃음의 힘
보약 중의 보약

언제나 새봄은

수런수런 이야기 소리
침묵을 깬 풀 내음 향기
산과 들은 초록빛 신세계
그대는 풋풋한 봄바람

푸른 대지의 신비로움과
따스한 봄날의 경이로움은
마법 같은 새봄의 요정
고운 향기 속의 행복함

한껏 기지개를 켜고서
새순과 새잎 피어나듯
웃음꽃이 만발한 세상
우리 삶의 활력 비타민

* 수런수런 : 여러 사람이 한데 모여 어지럽게 자꾸 떠들어
대는 소리를 나타내는 말. 또는 그 모양을 나타내는 말.

제목 : 언제나 새봄은
스마트폰으로 QR 코드를 스캔하면
시노래를 감상할 수 있습니다

설렘과 달램

고집스럽게 내리는 비에
흰 두루마기를 벗어 던진 산야
봄 내음 한가득

봄바람 휘날리니
소록소록
흩날리는 벚꽃 잎

쌓인 것을 비워내니
마음이 개운하여
봄 세상을
바라보는 맘
꽃 피는 춘삼월이로다

초록의 힘

참고 참아왔던 고난의 길
이제 비와 함께 복수초와
홍매 산수유 백매화 뒤따라
길마가지나무 꽃이 핀다

거룩한 천사 빼닮은 봄비
훤히 보이던 숲속 전경은
어느새 우거져 빈틈없고
새들은 정담 나누기 바쁘다

벌과 나비는 쉴 새 없는
날갯짓에 이른 저물녘에
피로를 풀러 집으로 가고
꽃 또한 쉬려고 잎을 닫는다

활기차게 깨어난 푸르름의 봄
초록의 힘, 행복 바이러스
활기차게 울려 퍼지는 서곡

제목 : 초록의 힘
시낭송 : 박영애
스마트폰으로 QR 코드를 스캔하면
시낭송을 감상할 수 있습니다

떠나간 사랑

곱게 물든 단풍을 보면 즐거워
생각 없이 바라만 봐도 즐거워
너무도 기분 좋아 날아갈 것 같아

이처럼 눈부시게 아름다운 날도
어느 땐가 비가 내려 흐려지듯
헤어질 순간이 오겠지

마음이 강해져야 해
고난의 시간이 지나면
다시 만날 수 있을 거야

기다림과 그리움이 없는
삶이란 팥소 없는 찐빵 아닐까

자나 깨나

봄은 초록 물결에
꽃바람이 노래하는 꽃바다
여름은 가마솥더위를 견딜 수 있게
실바람이 속삭여 주는 별바다

봄의 분신인 가을은
황금물결과 오색 물결이
너울너울 춤추고 출렁이는
곡식바다와 색색의 바다

겨울은 모자람 없이 넉넉한
불땀 고른 보금자리
아늑한 치유의 바다

뭐라 뭐라 해도
사시사철
모두가 어우러져
호기롭게 웃고 웃는
세상이 웃음바다였으면

3월의 봄까치꽃

나른한 휴일 오후
문틈으로 살짝이
스며드는 상큼한 향기
가슴 뛰게 한다

햇볕이
흰 이불 걷어낸 자리
옹기종기 봄까치꽃
의젓하고 단아하다

어룽어룽 아지랑이처럼
무리 지어 피어오르는
기쁜 소식을
가져다주는 봄의 전령사

벌들도 봄을 아는지
윙윙 날갯짓하며 찾아오는
이른 봄 벌들의 잔칫상
겨우내 어디에 숨어 있었을까

* 어룽어룽 : 뚜렷하지 아니하고 흐리게 어른거리는 모양.

여름바람

쨍쨍 이는 해님과
함께 오는 여름
열정에 빠져
무더위를 잊어버린 젊음

가끔 쏟아지는
소나기에
태양의 열기 사라진 자리

매미가 화염을 뿜어내도
별을 보며 나누는
이야기로 밤을 지새운다

햇볕 뜨거운 한낮
그늘 찾아 나서기 전
나무를 살며시 흔드는
컹컹 울부짖는 바람
너는 여름날의 보배로다

호위무사

간간이 너의 꿈에 나타나는
큰바위얼굴은
너에게 생명을 준 귀인이다

합심해 키워야 하는데
혼자서 키운 흙수저지만
엇나가지 않았다

인생길엔
크고 작은 가시 장벽이 많아
생채기가 날지라도
당당하게 맞서서 나아가라

혹여라도 속상해하지 마라
그림자처럼 따라다니며
반드시 옳은 길로 인도할 것이다

내면의 소리에 귀 기울어 듣고
그를 믿고
올곧게 무소의 뿔처럼 가라

인생은 여름처럼

보리 거둘라, 모내기하라
미루어 둘 수 없는 일
미끄럼 타듯 빠르게
지나가는 미끈 유월

꼬리 긴 여름의 중앙
녹음 짙푸르고
청포도 주렁주렁
익어가는 육사의 달

어지러운 세상살이
어정칠월과 건들팔월이란
말처럼 순조롭게
지나갔으면 하는 바람

더위 꼬리 잘려 나가니
어린 자식에게
입으로 먹여주던
어머니의 포도 지정 그리워라

* 어정칠월 : 바쁜 유월이 지나가면 칠월은 별일 없이
                 어정거리다가 지나간다는 뜻에서 생긴 말.
* 건들팔월 : 팔월은 고추를 말리거나 틈틈이 가을걷이를
                 준비하는 것 외에는 바쁜 일 없이 건들거리며
                 한가하게 지나간다는 뜻에서 생긴 말.

파도 같은 세파

잔잔한 망망대해에서 꿈틀대며
눈망울만 깜빡거릴 땐
평화로움에 절로 미소가 지어진다

한없이 잔잔하게 천천히 오가며
이야기꽃을 피워도 될 터인데
수다 떨 여유 없이 바쁘게

물불 가리지 않고 게거품을 물 듯
눈을 부릅뜨고
급하게 오가면 참 무섭더구나
무서움의 근원이
꾸역꾸역 바람이 일어나
파문을 일으키기 때문이라니

감정의 기복이 심한 것이
너의 타고난 운명이라니
널 도저히 탓할 수가 없구나

제목 : 파도 같은 세파
시낭송 : 박영애
스마트폰으로 QR 코드를 스캔하면
시낭송을 감상할 수 있습니다

붙잡을 수 없는 세월

설중매는 다도(茶道)를
즐기려는 사람들의
찻잔 속을 유영한다

해당화 비바람에 떨어지고
오동꽃 뙤약볕에 떨어진다
쥐똥 꽃
향기에 취한 청춘남녀의
웅성거림에 곤두박질친다

가시를 숨긴
반들반들 웃는 장미
오래도록 사람을 유혹한다

화려한 봄은
붙잡으려 해도 떠나고야 만다

봄 길

이는 바람에도
좁다란 밭둑길에
보일 듯 말 듯한
작은 풀꽃

"이리 와 보세요"
눈길을 사로잡는다
이 꽃 저 꽃에 즐거이
눈 팔고 코 팔게 하는
향기로운 길

올망졸망한 눈망울
사랑 듬뿍 받아
웃음기 가득한 길
늘 아름다운
봄 길만 같았으면 하고
외쳐 본다

제목 : 봄 길
스마트폰으로 QR 코드를 스캔하면
시노래를 감상할 수 있습니다

가을 풍경

세상이 온통 씻김굿 판이다
된서리가 내리니 혼령도 떠나는지
까치 혼자서 객석에 앉아 있다

'오 헨리'의 달랑 하나 남겨둔
마지막 잎새처럼
비바람에 떨어질까, 두려워
콩만 한 가슴 콩닥거린다

눈을 비벼댄다
잔상이 나풀거린다
다람쥐 겨울 준비를 잘해 두었다

겨울잠을 자고 난 뒤
새로운 도토리 상수리의
굿판이 벌어질 날을 기대하며
부푼 꿈에 그저 행복하다

어울림 마당

화려한 말보다
합심하면 다툴 일 없이
사랑과 온유로 가는 길

미움과 시샘이 생기지 않아야
가까워지는 어울림
믿음은 나눌수록 커지고
마음은 활짝 열수록 커진다

'그러셨군요'
'저도 그런 기분이었어요'

고운 말이 가슴을 스칠 때
서로 다르더라도 하나로 어우러져
화창한 하늘 아래 흔들림 없이
합창의 즐거움을 누릴 수 있다

제목 : 어울림 마당
스마트폰으로 QR 코드를 스캔하면
시노래를 감상할 수 있습니다

변심하지 않으면

사람의 마음보다
아름다운 것 없다고
꽃에 거짓말한다

꽃 또한 자신이
더 아름답다고 거짓말할까

사람과 꽃의 마음
서로 다르지 않으리니
다투지 말라는 하늘의 소리

생명이 붙어 있는 동안
초심을 잃지 않는다면
보는 것마다
다 아름답게 보일까

잦을수록

잦은 비에
단단한 언덕이 무너지니
마음이 허전하다

삶에 고민이 깊어지니
거울을 볼 때마다
이마의 골이 깊어져
괜히 마음이 씁쓸하다

빗소리가 굵어질수록
그리움 또한 웅덩이가 되어
더 큰 아픔이
무더기로 몰려올까
지레 겁이 앞선다

포용의 문

마음먹는 대로
여닫을 수 있다
뭔가를 숨기려
닫고 살기보다

답답할수록 그리울수록
마음의 문을 열어야 한다

태양의 너그러움처럼
경계가 허물어지고
둥근달처럼 믿음이
차츰차츰 커져야
평화롭지 않을까

양파

둥글납작 뾰쪽한
물방울 다이아몬드 같은
몸매를 감추려는 듯이
서너 겹의
노랑 옷을 입고 있다

옷을 벗으며 드러난
하얀 속살이 민망해
인정사정없이
알싸한 눈물 가스를 발사했나
눈물 콧물을
줄줄 흘리게 해 난감하다

일말의 양심은 있는지
그 보답으로
이것저것과 섞고 섞여
입맛을 돋우어 주니
눈물 콧물 흘릴만하다.

제목 : 양파
스마트폰으로 QR 코드를 스캔하면
시노래를 감상할 수 있습니다

세월은

갈팡질팡하는
마음을 위로한다

삶에서 일어나는
여러 갈등과 갈증을
풀어낼 수 있게 하는
구원의 빛이자 구도자

갈증과 갈등에서
외롭지 않게 텅 빈 마음에
살며시 다가와 속삭이는
사랑스러운 빛의 존재
그대를 사랑할 수밖에

힘내서 살라며
아스라이 들려오는
구구절절 기기묘묘하게
정감이 가는 구원의 소리

여름 뜨락

찌는 열기의 시달림에도
푸른 물결 장단에 맞춘
시원한 파도의 선율이
달콤하게 들려 귀가 즐겁다

가마솥 끓듯
이글거리는 햇살은
만물을
설렘의 낙원으로 이끄는
신비스러운 힘의 원천

결실의
넉넉함에 한껏 빠져들게
널리 퍼져 가는 여름 향기

우리 맘을 흡족하게 하는
페르소나 그라타

* 페르소나 그라타persona grata
  외교 사절을 받아들이는 국가에서 호의를 가지고
  받아들이는 사람

나그네 인생

험난한 세월 보내며
간신히 성공했다고 하여
아까워 쓰지 못하고
지갑을 닫고 살았기에
부자로 살게 되어
먹지 않아도 배가 부르다

최소한 노년이 되면
힘들고 어렵게 살았더라도
이웃과 기쁨을 함께 나누려
입은 닫고 지갑은 열어
가진 것을
보람 있게 쓰며 살아야 한다고 한다

먼 길 가면서까지
두 손에 이것저것 챙겨 가더니
신이 내민 손을 놓쳤으니
어디로 갔을까
나그넷길 공수래공수거인 것을

제목 : 나그네 인생
스마트폰으로 QR 코드를 스캔하면
시노래를 감상할 수 있습니다

비와 계절

비가 내릴수록
따스하다
봄이라서 그렇다

시원하다
무더운 여름이라서 그렇다

으스스하다
겨울 문 앞에선
가을이라서 그렇다

꿩 대신 닭이라더니
비를 대신한 눈이다

대지를 아름답게 꾸미려
눈꽃을 피워야 하니 그렇다

가을 그리움

갈맷빛 하늘 아래
단풍이 빨간 웃음을 웃는다

소슬한 바람에 무리 지어
난분분하게 춤을 추며
슬며시 길을 떠난다
네가 가고 나면
잔바람에 맘이 움츠러든다

푸른 하늘 아래
코스모스 분홍 웃음을 웃는다

소슬바람 장단에 맞춰
허공에서 군무를 펼치며
의연하게 길을 떠난다
네가 가고 나면
잔바람에 몸이 움츠러든다

계절의 오고 감은

살벌한 추위가 온다
모든 것이
겨울잠에 곤히 들게
갈대야, 억새야
자장노래를 불러 다오

민들레 복수초 산수유
노랑 무리가 깨어나게
파랑 파랑새야
살가운 노래를 불러 다오

보자기를 풀어 헤쳐
제 시기에 맞게
꿈을 실현할 수 있게
계곡물아, 장단에 맞추어
졸졸 노래를 불러 다오

취라치의 나각 소리에
수문장 교대식을 열듯
계절은 이렇게 오가나 보다

* 취라치 : 조선 시대, 군대에서 나각를 불던 병사(취타수)
* 나각 : 소라 껍데기의 뾰족한 부분에 구멍을 뚫어 만든 악기

느긋하고 너그럽게

땅과 허공 속에서
푸른빛을 뽐내는
하늘과 바다는 하나

은하수처럼 아름다움
눈부신 윤슬의 반짝임
찬란함과 시원함의 대칭

봄바람처럼 따스하고
향기롭게
하늘처럼 넓고
바다처럼 깊게 살라 한다

웃는 낯꽃

사시사철 소통하려
마음 밭에 내린
썩지 않는 마법의 뿌리

어느 때 어디서나
누구 앞에 서나
시들지 않고
활짝 피어나는 꽃

세상에서
가장 아름다운 꽃
무병장수케 하는
묘약 중의 묘약

풀꽃의 소망

앙증맞고 이쁘다면서도
이름 있지만
불러주지 않고
그저 풀꽃이라 하니
씁쓸할 뿐이다

다정하게
이름 불러주었더니
환한 얼굴로 하느작하느작
재롱떨어 가며 곱게 인사한다

언제고 이름 불러준다면
더 예뻐 보일 거라며
바람 따라 입을 삐죽거리며
중얼중얼 혼잣말한다

하늘 같은 어머니

하늘 같은 가없는[1]
너그러움으로 피붙이에
마음을 다 주고 알콩달콩 살아가는
어울림마당 지킴이에게
불현듯 찾아온
하늘이 무너지는 큰 아픔

조마조마 가슴 졸이며
시나브로[2] 좋아지리라는 믿음에
한마음 한뜻으로 한결같이
줄곧 진드근하게[3] 곁을 지키며
온 힘을 다해 고수련하는[4] 아들딸

바람이[5] 하늘을 움직였을까
몸이 우선해져[6] 한시름 놓게 된 기쁨에
서로 부둥켜안고 폴짝폴짝 뛰며
해낙낙하니[7] 웃고 웃는다

슬거운8) 어머니께
해를 거듭해 가며
한뉘9) 내내 안 갚음10) 하며
오손도손 재미나게 살고파라

1. 가없다 : 끝이나 한도가 없다.
2. 시나브로 : 모르는 사이에 조금씩 조금씩.
3. 진드근하다 : 매우 참을성 있고 의젓하다.
4. 고수련하다 : 앓는 사람을 시중들어 주다.
5. 바람 : 어떤 일이 이루어지기를 기다리는 간절한 마음.
6. 우선하다 : 병이 좀 차도가 있는 듯하다.
7. 해낙낙하다 : 흐뭇하여 만족한 느낌이 있다.
8. 슬겁다 : 마음이 너그럽고 미덥다.
9. 한뉘 : 살아 있는 동안 내내 = 한평생.
10. 안갚음하다 : 자식이 자라서 부모를 봉양하다.

통조림

철의 장막 속에
난도질당한 몸을 담그고서
빛 볼 날을 기다린다

너무도 숨이 막혀
꺼내달라
발버둥 치며 애원해도
기약할 수 없는
구원의 손길

탕 속에 잠긴 채로
늘어지게 자다 보면
쏟아지는 햇살을
볼 수 있지 않을까

값없이 버려지는 건
죽어도 싫은데, 어찌할까

제목 : 통조림
스마트폰으로 QR 코드를 스캔하면
시노래를 감상할 수 있습니다

시들지 않는 꽃

시절 따라
자신이 오가야 할
차례를 알고 있다

갖가지
고운 꿈을 꾸며 뒤척이다
때맞춰 소담하게 피어나
제멋 자랑에 바쁘다

노랑 무리 지나간 뒤
형형색색의 물결 너울춤을 추듯
활짝 웃고 웃으며 오는 꽃과 잎

내내 쉬지 않고
뽐내는 맑고 고운 자태에
환하게 웃을 수 있어 행복하다

아름다운 인사

이른 아침 새들이
서로의 안부를 묻는다

나무 잎새는
나른한 잠에서 깨어나
살랑인다

나는 오늘 우연히
그들의 이야기 소리에
귀 기울인다

그들의
끝없는 생각과 행동은
내 맘을 감미롭게 한다

세상 이치

뺄 것 빼고
보탤 것 보태고
나눌 것 나누고
돌아갈 곳은 돌아가는
일의 습관화
물을 닮은 소통의 근원

비움과 채움을 위해
앞다투지 않는
너그러운 품성

포용이 갖는 부드러움과
지혜가 갖는 올곧음은
수학적 계산으론 불가

조화와 화합

다름을 인정하고 존중함은
쉽지 않은 일이지만
서로의 마음을 모아
꼭 지켜내야 할 평화 의무

어떠한 시련 속에서도
대대손손
끝없이 지켜나가야 할
무언의 언약

어우렁더우렁
더불어 살아갈 수 있게
삶의 평온을 가져다줄
너와 나의 차이를 잇는 연륙교

모든 고난을 이겨내고서
봄꽃처럼 피어나는 축복

감정의 정원 같은 시집 『자나 깨나』

주야옥 (꿈꾸는 화원 동화 작가·평론가·시인)

1. 동심과 시의 경계를 허문 '감정의 정원'

『자나 깨나』는 동시 60여 편과 시 48편을 담은 보기 드문 구성의 시집이다. 단순한 장르적 혼합을 넘어, 동시의 감수성과 시의 깊이를 조화롭게 엮어낸 이 시집은 한 권의 '감정의 정원'이라 할 수 있다.

'마음 다짐', '깜장 고무신', '꿈꾸는 자유', '꽃 메아리' 등 유년의 풍경을 떠오르게 하는 제목들이 독자를 반기며, 「장다리꽃」, 「여우와 강아지」, 「애기똥풀」, 「신호등의 힘」, 「쥐코밥상」이라는 다섯 개의 장은 계절, 가족, 놀이, 도시, 상상이라는 주제를 중심으로 구성되어 동심 세계의 다양한 결을 보여준다.

형식적으로는 동시의 기본 틀을 충실히 따르며, 이야기보다는 감정 중심의 흐름을 따른다. 이 시집의 뛰어난 점은 유년기의 감정을 포착하는 데에 그치지 않고, 그 안에 담긴 현실의 양상을 조용히 드러낸다는 데 있다. 예컨대 「깜장 고무신」은 단순한 신발 이야기를 넘어, 경제적 결핍, 시골의 불편한 통학 환경, 어머니의 훈육이라는 사회적 맥락을 품고 있다. "신발이 벗겨져 떠내려간다"라는 표현은 아이의 실수처럼 보이지만, 당대의 물질적 조건과 유년기의 취약한 삶의 단면을 은근히 환기한다.

이 시집은 곳곳에서 ****인유(引喻)와 **패러디(parody)**의 방식을 절제된 감각으로 활용한다. 「꿈꾸는 자유」에서 '하늘에 사는 할머니를 꿈속에서 만나 이야기해 달라 조른다.'라는 설정은 우리가 익히 알고 있는 '천국에 간 할머니'에 대한 문학적 상상력을 인유한 예이다. 이러한 장면은 어린이 문학에서 자주 사용되는 모티프를 빌리되, 이를 자기 언어로 새롭게 풀어낸 창의적 인유로 읽힌다.

또한 「애기똥풀」이나 「마술쟁이 새봄」 같은 시에서는 고전 동요나 전래동화의 정서를 연상시키는 구절들이 등장하며, 이는 일종의 서정적 패러디로 기능한다. 시인은 어린이 독자들에게 익숙한 리듬과 정서를 빌려 심리적 접근성을 높인다. 한편, 「신호등의 힘」은 도시의 리듬과 사회 규칙을 신호등이라는 기호를 통해 아이의 시선으로 해석하며, 동시의 소재가 어떻게 구체적 현실과 문명 구조를 담아낼 수 있는지를 보여준다.

이렇듯 『자나 깨나』는 고무신, 꽃, 비, 할머니처럼 보편적 정서 코드를 활용하면서도 당대의 생활환경과 사회 구조를 투명하게 반영한다. 그리고 그것을 아이의 언어로 끌어와 현실과 동심의 경계를 절묘하게 허물고 있다.

2. 주제와 의미 – 자연과 사람, 그리고 아이의 마음

『자나 깨나』의 주된 주제는 '자연과 사람, 그리고 아이의 마음'이다. 시인은 꽃, 고무신, 물수제비, 비 오는 날, 엄마와 아빠, 할머니 같은 평범한 일상 요소들을 통해 어린 시절의 감성과 호기심, 사랑을 조곤조곤 들려준다.

'꽃이 웃는다'라는 표현이나 '꿈은 자유롭다'라는 진술은 단순한 관찰이 아니라, 사물과 자연을 바라보는 아이의 내면을 드러낸다. 시집은 동시의 정체성을 지키면서도, 어른 독자에게 잊고 지냈던 감정을 되새기게 한다. 삶의 무게를 잠시 내려놓고, "꽃처럼 곱게 웃고 싶다"–는 마음이 왜 이토록 여운으로 남는지를 곱씹게 한다.

3. 문체의 특징 – '자연스럽고 투명한 시선의 결'

이 동시집의 문체는 한 마디로 '자연스럽고 투명한 시선의 결'이라 할 수 있다. 군더더기 없는 문장 구조와 감각적인 단어 선택은 어린이의 내면 감각을 섬세하게 직조한다.

'짜그락짜그락', '살포시', '코빼기도 보이지 않지만' 같은 표현은 구체적이면서도 구어체에 가까워 동심의 리듬을 그대로 담아낸다. 특히 사물의 의인화–'꽃이 웃는다', '고무신이 떠내려간다.'–는 아이들이 세상과 교감하는 방식을 정직하게 드러낸다.

봄까치꽃, 풀꽃, 애기똥풀, 무지개 등 시에 자주 등장하는 자연의 요소들은 단순한 자연 관찰이 아니라 상실, 기다림, 염원 같은 감정과 맞닿아 있다. 겉으로는 단순하고 쉬운 언어 같지만, 안으로는 감정의 깊이를 담아낸 미시적 감각과 동시 문학 본질을 지키는 거시적 태도를 모두 품고 있다.

4. 인상 깊은 시와 구절

「마음 다짐」
"꽃이 곱게 웃듯이 / 나도 곱게 웃는 / 얼굴로 살아가고 싶다"→ 자연을 내면화한 시적 태도이자 철학적 성찰의 구절이다.

「꿈꾸는 자유」
"기쁘거나 슬프거나 / 화가 난 꿈도 / 잠시 잠깐 / 깨어나면 그만이다."
→ 자유와 상실, 극복의 메시지를 담은 슬기로운 상상이다.

「애기똥풀」
"달걀노른자 같은 / 노란 꽃을 피워낸다."
→ 작은 들꽃 속에 담긴 모성애의 은유가 절묘하다.

사투리 시

"와따 / 워째 / 그런다요"
→ 언어적 금지와 향수 사이에서 갈등하는 아이의 순수한 감정을 보여준다.

「자나 깨나」

사계절을 '꽃바다', '별바다', '황금바다', '치유의 바다'로 비유하며 삶의 계절을 서정적으로 노래한다.

「가을 그리움」

단풍은 '빨간 웃음'으로, 소슬바람은 '이별의 북소리'로 – 이 시는 아름다움의 본질이 떠남을 준비하는 용기임을 이야기한다.

「풀꽃의 소망」

"이름 있지만 / 불러주지 않고 / 그저 풀꽃이라 하니"
→ 존재의 회복과 인정에 대한 상징적 서사가 탁월하다.

5. 총평 – 진짜 아이의 언어로 피워낸 문학적 꽃

『자나 깨나』는 억지스러움이 없고, 실제 아이가 쓸 법한 언어와 시선을 유지한다. 자연과 일상의 섬세한 관찰, 세대 간 감성의 교차는 이 시집의 미덕이다.

물론 후반부로 갈수록 유사한 구조나 감각이 반복되는 점, 리듬과 운율의 활력이 부족한 일부 시는 아쉬움으로 남는다. 그러나 이는 시인이 감정을 절제하고 '소리보다 마음'을 앞세운

결과로, 단점이라기보다 문학적 의도로 읽히기도 한다.

『자나 깨나』는 단지 '아이를 위한 동시'가 아니라, 아이의 시선으로 '어른을 감싸는 시'이다. 유년을 회상하고 싶은 중장년층, 자녀와 함께 시를 읽고 싶은 부모와 교사, 따뜻한 언어를 갈망하는 이들에게도 이 책은 깊은 위로와 잔잔한 기쁨을 선물한다.

이 시집은 말한다. 고무신 하나, 들꽃 하나에도 이야기가 있고, 그 이야기는 우리가 살아낸 시간과 감정을 품고 있다는 것을. 시인은 바쁜 일상에 지쳐 무뎌졌던 감각과 소홀했던 감정을 아이의 목소리로 다시 들려준다. 그는 말하지 않고 속삭이고, 가르치지 않고 건네며, "나도 곱게 웃는 얼굴로 살아가고 싶다"라는 마음을 꽃잎처럼 펼쳐 놓는다.

그 목소리는 결국 우리 모두의 내면에서 한 번쯤 울려본 말이기도 하다.

"나도 그렇게 살고 싶었다고, 지금이라도 그렇게 살아보고 싶다"라고.

지금까지 일곱 권의 시집을 세상에 내놓은 시인은 (사)창작문학예술인협의회 회원으로 활동하며 삶의 작고 투명한 순간들을 시로 엮어왔다. 제1시집 『쫓기는 여우가 뒤를 돌아보는 이유』부터 제6시집 『설렘 반 기대 반』에 이르기까지 그의 시편들은 언제나 '우리 곁'의 이야기였다.

『자나 깨나』 역시 그 연장선에 있으나, 유독 조용하고 유독 따뜻하다. 시인이 삶을 향해 오래도록 속삭여온 말 – "괜찮아, 힘내렴" – 이 이번에는 아이의 입을 빌려, 꽃의 얼굴을 빌려 다가온다.

그러므로 이 시집은 아이들을 위한 책이면서 동시에, 어른들의 마음을 위한 책이기도 하다. 유년의 감정과 현실의 그림자, 일상의 사소함과 존재의 존엄을 담은 이 책은 문학이 건넬 수 있는 가장 따뜻한 위로이자, 가장 조용한 질문이다.

그리고 우리는, 시인의 그 질문 앞에 고요히 서게 된다.
"당신은 지금도 꽃처럼 웃고 있나요?"
"당신 안의 어린아이는 여전히 살아 있나요?"
『자나 깨나』는 말한다.
잊히지 않기를,
불러지기를,
다시 사랑받기를.
꽃 한 송이, 고무신 한 켤레, 바람 한 줄기에도 이야기가 있음을,
그 이야기가 바로 '나와 너, 우리가 함께 살아낸 시간'임을
시인은 조용히 속삭인다.
삶의 짐이 무거운 날, 누군가 이 시집을 펼쳐
그저 한 줄, 한 문장만이라도 마음에 품는다면–
그날 하루는 조금 더 따뜻해질 것이다.
아무 말 없이 머무는 그 미소 한 자락에, 『자나 깨나』의 시들이 남긴 따뜻한 숨결이 고요히 스며 있었음을 – 우리는 언젠가, 마음 깊은 곳에서 알아채게 될 것이다.

자나 깨나

박희홍 제7시집

2025년 8월 6일 초판 1쇄
2025년 8월 8일 발행
지 은 이 : 박희홍
펴 낸 이 : 김락호
디자인 편집 : 이은희
기 획 : 시사랑음악사랑
연 락 처 : 1899-1341
홈페이지 주소 : www.poemmusic.net
E-Mail : poemarts@hanmail.net

정가 : 14,000원
ISBN : 979-11-6284-602-5

저작권자와 맺은 특약에 따라 검인은 생략합니다.
잘못된 책은 교환해 드립니다.